Mon papa
est chercheur d'or

Patricia Marie d'Avigneau est née à Paris en 1954. Depuis sept ans elle habite le Chili où travaille son mari qui a été chercheur d'or. Sa vie, pleine de surprises et d'étonnements, lui donne un tas d'idées pour écrire ses histoires qu'elle publie régulièrement chez Bayard Presse. Elle a deux petits garçons, Valentin et Benjamin, et un drôle de chien qui s'appelle Clafoutis.

Philippe Pauzin est né en 1954. Après des études aux Beaux-Arts, il a travaillé dans la publicité ainsi que pour la presse et l'édition. Aujourd'hui il habite près de Lyon avec sa femme et ses deux fils et se consacre surtout à l'illustration de livres pour la jeunesse. Ses livres ont été publiés chez Hachette.

Bayard Éditions est une marque
du Département Livre de Bayard Presse
ISBN 2. 227. 72275. 4

Mon papa est chercheur d'or

Une histoire écrite par Patricia Marie d'Avigneau
illustrée par Philippe Pauzin

BAYARD ÉDITIONS

Une terrible décision

Je m'appelle Juanito Emilio Zappalar et j'ai dix ans. Je vis avec mes parents et mes deux petites sœurs dans un village de la cordillère des Andes*.

Mon papa est chercheur d'or. Depuis des années, il creuse. Il a fait un tunnel de cent mètres, au moins, dans le sol. Tous les jours,

* C'est une chaîne de montagnes en Amérique du Sud.

il y descend avec sa pelle et sa pioche. Mais on ne peut pas dire que ça marche ! Il ramasse à peine quelques miettes d'or par semaine.

Un soir, je me rappelle, c'était un vendredi, Papa a posé sur la table sa récolte de la semaine. Au fond d'un pot à confiture vide, il y avait quatre ou cinq paillettes d'or. Elles étaient si minuscules qu'il aurait fallu une loupe pour les voir.

Maman est devenue toute rouge.

– Quoi ! Voilà tout ce que tu ramènes ? Comment veux-tu que je vous nourrisse tous avec ça ! Et les enfants ? La petite n'a plus de chaussures ! Vraiment, ce n'est plus une vie, Emilio, c'est une misère !

– Écoute, Rosalita, petit oiseau ! a dit Papa. Un jour, on sera riches, crois-moi ! Je vais découvrir le filon*, un peu de patience !

Mais Maman était très énervée :

– Ton filon, parlons-en ! Ça fait dix ans que j'entends ce refrain. Eh bien, moi, j'en ai assez ! Tu sais ce qui va arriver, Emilio ? Je

* C'est une couche de roches dans le sol qui contiennent de l'or.

vais prendre les enfants et je vais repartir en ville chez ma mère !

Ça nous a fait tout drôle, car Maman n'a pas l'habitude de se mettre en colère. Papa avait l'air ennuyé. Il a soulevé son chapeau et il s'est gratté longuement la tête. Puis il a dit tout à coup :

– C'est bon ! Tu as sans doute raison, Rosalita. Dès lundi, j'irai chercher un autre travail ! C'est moi qui partirai en ville.

J'étais affolé. Pourquoi Papa voulait-il abandonner ce métier qu'il aime tant ? Quand il en parle, ses yeux brillent comme des pépites. Je me suis dit : « Pourvu qu'il continue à chercher de l'or ! »

L’or de la vieille Nana

Hélas ! le lundi de bonne heure, Papa a chargé son sac et quelques provisions sur son mulet. Il a dit en nous embrassant :

– Je reviendrai dans quelques jours.

– Bonne chance, lui a dit Maman.

Et, sans se retourner, Papa a quitté le village. Il est parti en direction de la ville,

là-bas, au fond de la vallée.

Ce soir-là, en sortant de l'école, j'étais triste et je n'avais pas envie de rentrer à la maison. Je marchais dans la rue quand j'ai entendu une petite voix derrière moi :

– Holà ! Mais c'est Juanito ! Viens donc un peu par ici !

C'était la Nana qui m'appelait.

La Nana, c'est la femme la plus vieille et

la plus pauvre du village.
Les gens la trouvent un peu bizarre. C'est vrai, elle passe ses journées, hiver comme été, assise devant la porte de sa maison. Elle raconte des histoires à voix haute, en balançant la tête. Souvent je vais l'écouter. C'est elle qui m'a appris que Pancho, le cordonnier, avale tous les jours trois clous pour se donner de l'énergie. C'est elle aussi qui m'a raconté l'histoire de Doña Elvira qui prenait des bains de lune pour se faire blanchir la peau.

Mais ce soir-là, je n'avais pas envie de parler. La Nana a insisté :

– Petit, qu'est-ce que tu as ?

Elle me regardait, et sur son visage tout fripé les rides faisaient comme des milliers de sourires. Alors je me suis approché et je lui ai raconté ce qui se passait à la maison.

Tout en parlant, je me suis soudain rappelé quelque chose. J'ai demandé :

– Dis donc, la Nana ! Tu te souviens, un jour tu m'as raconté l'histoire de Don Alfonso, le premier chercheur d'or du village. Et tu m'as dit qu'il t'avait donné une énorme pépite d'or. Montre-la-moi !

– Impossible, a dit la Nana. Mon or, c'est de l'or qui ne veut pas se montrer.

Cela m'a mis en colère :

– C'est qu'il n'existe pas ton or, voilà tout ! D'ailleurs, si tu avais de l'or, tu ne serais pas si pauvre !

La Nana m'a pris le bras.

– Chut ! Juanito, a-t-elle dit en regardant autour d'elle. Mon or, petit, si tu savais... Il porte malheur.

J'ai insisté :

– Je t'en supplie, la Nana, montre-le-moi ! Juste une fois !

Elle a fini par céder. Elle s'est levée, et à petits pas elle est entrée dans sa maison. Quand elle est revenue, elle tenait une boule de papier journal dans ses mains. Avec des gestes maladroits, elle a déplié le papier, et j'ai vu apparaître un énorme caillou brillant.

J'étais fasciné. J'ai lentement avancé le doigt et j'ai caressé le caillou. C'était de l'or, du vrai or !

En tremblant, j'ai demandé :

– D'où vient ce caillou, la Nana ?

– D'un rocher… On l'appelle le Fuego del Oro*. Il se trouve là-haut, dans la Montagne Noire.

* Cela veut dire « feu d'or » en espagnol.

La Montagne Noire, on peut la voir de chez nous, mais personne n'y va jamais. La Nana marmonnait :

– Il y a des montagnes maudites, des montagnes qui ne veulent pas qu'on parle d'elles.

Elle a enveloppé son caillou, toute sombre, et s'est assise sur sa chaise. Tout à coup, elle a murmuré ces paroles étranges :

« Feu d'or, flamme d'or,
Pour te quitter, folie d'or,
À tes pieds, deux fleurs d'or. »

Je l'ai laissée là en me disant : « Feu d'or, flamme d'or... Qu'est-ce que ça veut dire ? Vraiment, cette pauvre Nana, il y a des moments où elle n'a plus sa tête ! »

La Montagne Noire

En rentrant à la maison, j'avais pris ma décision. Demain, je partirais à la recherche du Fuego del Oro. Avec un peu de chance, je le trouverais. Papa pourrait l'exploiter et comme ça, on ne quitterait jamais notre village.

Au petit matin, je suis parti sans faire de

bruit. Sur la table j'avais laissé un mot :

« Chère Maman,
Je pars dans la Montagne Noire.
Je reviens bientôt. Je ne peux rien te dire de plus, car c'est une surprise.
Ne t'inquiète pas !
Ton Juanito. »

Je ne savais pas du tout comment aller dans la Montagne Noire. Je connaissais seulement la direction. Je me suis dit : « La seule solution, c'est de monter. »

À la sortie du village, plusieurs chemins mènent vers les sommets. J'en ai pris un, et je me suis mis à marcher à grands pas.

Six heures plus tard, j'avais déjà fait un bon bout de chemin. Mais ensuite, les choses se sont gâtées. Peu à peu, le paysage a disparu derrière de gros nuages gris qui semblaient monter du sol. C'était le brouillard, le terrible brouillard d'automne !

Les vieux du village racontent des choses

effrayantes sur ce brouillard. Des gens se sont perdus à cause de lui dans la montagne et on ne les a jamais revus.

J'avais peur. J'avais l'impression de marcher dans du coton. Je pouvais à peine distinguer le bout de mes pieds et j'avançais à petits pas, les bras tendus devant moi, comme un aveugle.

Tout à coup, mon cœur a explosé : je venais

de toucher un morceau de tissu ! Il bougeait sous mes doigts. J'ai hurlé :

– Ah, ah !... un fan... un fantôme !

– Juanito ! Bon sang ! que fais-tu là ? Lâche ma veste, tu vas me faire tomber.

C'était la voix de Papa ! Je me suis accroché à lui :

– Papa ! Mon petit papa ! C'est toi ?

Il n'avait pas l'air ravi de me rencontrer.

– Qu'est-ce que tu fais tout seul ici ? Ta mère doit être affolée : je vais te ramener à la maison, et plus vite que ça !

J'ai crié :

– Oh non, Papa ! Je ne veux pas rentrer. Je suis venu chercher de l'or ! L'or du Fuego del Oro ! Il est là, dans la Montagne Noire !

– Quoi ? a dit Papa. Qui t'a raconté cette histoire ?

– La Nana. Elle possède une pépite grosse comme mon poing. Je te le jure !

– La Nana ? Cette vieille radoteuse ? C'est

encore une de ses inventions ! Allons, faisons demi-tour, et dépêchons-nous !

On s'est mis à marcher, main dans la main. Je n'osais pas demander à Papa ce qu'il faisait là, lui aussi. Après tout, il aurait dû être en ville à cette heure !

Papa a dû deviner ma pensée, car il m'a dit sur un ton plus gentil :

– Je me suis égaré et j'ai perdu cet imbécile de mulet dans le brouillard... Je marche depuis des heures... Écoute, petit, on va s'arrêter pour se reposer. De toute façon, on ne voit plus rien et la nuit commence à tomber.

On s'est installés par terre. Je grelottais. Papa m'a pris dans ses bras et on s'est endormis, blottis l'un contre l'autre.

4

Une flamme d'or

À l'aube, quand je me suis réveillé, Papa dormait encore. Le vent soufflait et chassait lentement la brume.

Je me suis levé d'un bond. Autour de moi, il y avait de grands rochers, des buissons et des pierres. C'était plutôt sinistre. Pourtant, une lumière dorée nous enveloppait. C'était peut-être le soleil qui se levait ? Mais non, le ciel était si chargé de nuages qu'on ne voyait pas le moindre rayon de soleil. Alors, d'où venait cette lueur étrange ? Je me suis retourné, et là, j'ai compris.

Mon père dormait... sur un oreiller d'or ! Oui, sa tête reposait sur un rocher jaune et tout brillant. Je l'ai secoué :

– Papa ! Papa !

– Quoi ! Qu'est-ce qu'il y a ?

– Tourne-toi et regarde !

Lentement, il a levé la tête, et, soudain, il a vu le rocher d'or. J'ai cru qu'il allait avaler sa moustache. Il a crié :

– Caramba, je rêve ! Le Fuego del Oro...

C'était bien le rocher dont m'avait parlé la Nana. Il n'était pas très large, mais haut et pointu. On aurait dit une flamme qui montait vers le ciel. Que c'était beau !

– Juanito, mon fils, a dit Papa en me prenant dans ses bras, nous venons de découvrir la mine la plus fabuleuse du monde. Nous sommes riches !

On s'est mis à rire et à courir dans tous les sens. Autour du rocher, il y avait de grosses pépites d'or, comme celle de la Nana. Papa en a ramassé deux et il les a mises dans ses poches. Je lui ai dit :

– Tu vois, Papa, je ne t'ai pas menti. Il existe bien, ce rocher d'or.

Il m'a répondu d'un air un peu ennuyé :

– En vérité, je le cherchais, moi aussi. Ça fait des années que je connais l'histoire de la Nana. Hier, j'ai décidé de tenter ma chance et je suis parti dans les montagnes.

J'étais très fier de mon papa. Ça m'étonnait aussi, sa décision de l'autre jour ! On a regardé une dernière fois notre rocher et Papa a essayé de bien repérer l'endroit où il se trouvait.

Puis il a dit :

– C'est étrange, je me demande comment nous avons pu arriver jusqu'ici !

On a eu du mal à trouver un chemin pour redescendre. Finalement, on a pris un sentier très raide, entre des roches à pic. Papa descendait lentement, à un mètre devant moi. Il se retournait sans cesse pour voir si je le suivais.

Soudain, je l'ai vu perdre
l'équilibre et disparaître,
comme si la terre
l'avalait. J'ai hurlé
en tendant les bras :
– Papa !
Et sans savoir
comment,
je suis tombé,
moi aussi,
dans un
grand
trou.

Deux fleurs d'or

J'ai retrouvé Papa au fond du trou. Heureusement, on ne s'était pas fait trop de mal : un tapis de feuilles mortes avait amorti notre chute.

– Mon Dieu, a dit Papa en reprenant ses esprits. Regarde !

J'ai levé la tête : il y avait bien cinq mètres

au-dessus de nous.
Les parois du trou
étaient lisses et verticales.
Comment sortir de là ?
Papa était tout pâle,
et je me suis mis
à pleurer.
Nous n’avions plus rien
à boire ni à manger,
car dans la chute,
nous avions perdu
nos sacs.
Il ne nous restait
que deux choses :
la longue corde
que Papa portait
enroulée autour
de sa taille,
et sa pioche.

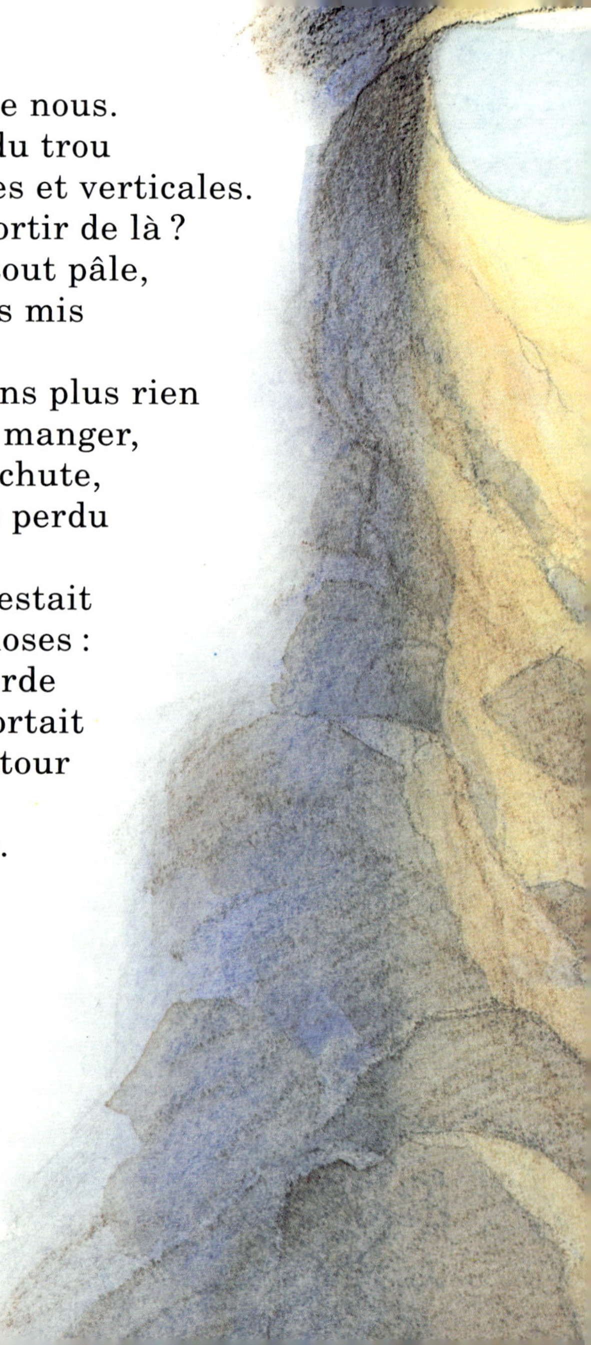

Papa a déroulé sa corde et il a cherché à se hisser. Il s’est écorché les mains, les genoux, le visage. En vain. Finalement, il a jeté sa corde et sa pioche par terre, et il s’est assis près de moi, découragé.

– Mon Juanito, a-t-il dit en me caressant les cheveux, tu es grand maintenant. Tu dois savoir qu’il y a peu de chances pour que nous sortions vivants d’ici !

– Oui, Papa.

– Tu vois, mon fils, ce n'est pas pour rien qu'on dit que la Montagne Noire est maudite et que son or porte malheur. Tous ceux qui ont voulu s'en approcher ont eu de graves problèmes. Et moi qui croyais être plus malin que tout le monde !

Je ne l'avais jamais vu avec un air aussi désespéré. Il a ajouté :

– Écoute-moi bien, Juanito ! Nous allons faire une promesse : si jamais, par bonheur, un miracle se produit, si jamais nous arrivons à sortir de ce puits sinistre, jurons de ne jamais parler du rocher d'or à personne, même pas à ta maman. Car je fais le vœu de ne jamais y retourner !

J'ai regardé Papa droit dans les yeux et j'ai dit solennellement :

– Je jure de garder le secret.

Mon cœur battait très vite et ma tête tournait un peu. À ce moment-là, je ne sais pas pourquoi, j'ai cru entendre la voix de Nana qui résonnait dans mes oreilles. Que m'avait-elle dit hier soir ? « Feu d'or… et d'or… Pour te quitter… À tes pieds… deux fleurs d'or. »

– Qu'est ce-que tu dis ? m'a demandé Papa.

Et j'ai répété tout haut :

« À tes pieds… deux fleurs d'or. »

– Mais tu as raison, bon sang ! a dit Papa en se levant. Regarde là, il y a deux grandes fleurs jaunes. Des fleurs de cactus géant... Elles cachent quelque chose !

Papa a soulevé les deux fleurs. Elles recouvraient une petite faille dans la roche.

– J'ai bien l'impression, a dit Papa, que cette faille donne sur un trou...

Papa a saisi sa pioche et il s'est mis à frapper la roche de toutes ses forces pour élargir la faille.

Puis il m'a dit :

– Maigre comme tu es, tu peux te faufiler là-dedans. Emporte la corde ; si tu sors d'ici, tu m'aideras ensuite à me hisser.

Je me suis glissé dans la faille. Il faisait noir, je suffoquais et j'avais peur, mais j'entendais la voix de Papa qui criait :

– Courage,
Juanito ! Courage !
Soudain j'ai aperçu un bout de ciel. La faille donnait bien sur une sorte de tunnel qui montait vers l'extérieur. Je me suis mis à courir de toutes mes forces et enfin je me suis retrouvé à l'air libre. Nous étions sauvés ! Il ne me restait plus qu'à lancer la corde à Papa.

Le secret

La nuit était tombée depuis longtemps quand on est arrivés à la maison. Maman veillait à la lueur des bougies. Elle s'est précipitée vers nous, elle avait les yeux pleins de larmes :

– Juanito ! Emilio ! Je vous croyais morts ! Le petit qui est parti depuis hier, et ton mulet qui est revenu sans toi à la maison... J'ai cru devenir folle. Que s'est-il passé ?

Papa a inventé une histoire :

– Rosalita, il faut que je te dise : je ne suis pas allé à la ville, je suis allé travailler pendant deux jours à la mine. Le petit m'a rejoint, et regarde !

Il a mis les deux grosses pépites dans les mains de Maman. Maman les a regardées longuement, puis elle a souri :

– Tu as bien fait, Emilio ! J'étais sûre qu'un jour tu le trouverais, ton filon.

Papa n'a jamais révélé à personne d'où il tenait ses pépites. Je n'ai rien dit, moi non plus. Il a recommencé à aller à la mine, comme avant. Quelle importance maintenant s'il ne trouve presque rien ! Nous avons des économies, et Maman a retrouvé le sourire.

Cette histoire, je vous la confie parce que vous habitez loin, très loin de chez moi. Mais au village, j'ai gardé le secret.

Parfois, nous parlons de notre aventure,

Papa et moi. Il dit que nous avons survécu grâce à notre courage et à notre intelligence. Moi, je lui réponds :

– Mais c'est la Nana qui nous a permis de trouver l'or ! Et c'est la formule de la Nana qui nous a sauvés ! Rappelle-toi : «... À tes pieds deux fleurs d'or... »

– Quelle formule ? dit Papa. La Nana, c'est une rêveuse, une radoteuse...

Je le laisse dire.

Moi, chaque soir, je vais trouver la Nana, et j'écoute très fort chacune de ses histoires. Je sais, moi, qu'elle connaît tous les secrets de la terre et qu'elle est une magicienne.

L'autre jour, je lui ai demandé :

– Dis-moi, la Nana, en vérité, qui t'a donné la pépite que tu m'as montrée un jour ?

Elle m'a regardé dans les yeux et elle m'a dit :

– C'était il y a presque cent ans... Mon père l'a ramassée au pied du Fuego del

Oro... Mais il n'est jamais retourné là-haut, car il lui est arrivé la même chose qu'à un certain Juanito et à son papa...

Je suis resté bouche bée. Quand je dis que c'est une magicienne et qu'elle connaît tous les secrets, la Nana, je n'ai pas tort. Même le mien, elle a su le découvrir.

COLLECTION J'AIME LIRE

-61-

PÈRE NOËL MABOUL

Une histoire écrite par
Nicolas de Hirsching
et illustrée par
Claude Delafosse

Soyons clairs : il n'y a pas qu'un seul Père Noël. Il ne pourrait jamais tout faire ! Les Pères Noël sont 1993, tous numérotés, et ils vivent à Noëlia, sous les ordres du Père Noël Ier. Or, parmi eux, il y en a un qui se fait toujours remarquer : le n° 888, plus connu sous le surnom de Père Noël Maboul. Ce Père Noël-là a toujours des idées bien farfelues. Le traîneau à réaction, c'est lui. Les couvertures chauffantes pour rennes aussi. Mais cette année, il a une idée plus farfelue que jamais...

-62-

LES SECRETS DU DOCTEUR MAGICUS

Une histoire écrite par
Marie-Aude Murail
et illustrée par
Yvan Pommaux

En vacances chez sa grand-mère, Rémi Lerne s'ennuie. Et il y a un sujet délicat, à éviter à tout prix : le grand-père, parti jadis en abandonnant sa famille... Pour se distraire, le pauvre Rémi en est réduit à espionner les voisins. C'est ainsi qu'il fait la connaissance d'Abel, un

curieux garçon de son âge, qui l'entraîne dans la cabane d'un très mystérieux grand-père mi-magicien, mi-sorcier. Sur les traces du Docteur Magicus, Rémi n'est pas au bout de ses découvertes...

-63-

UNE NUIT AU GRAND MAGASIN

Une histoire écrite par
Joan Phipson
et illustrée par
Véronique Cau

Béatrice et Michel ont horreur des grands magasins. En plus, ce jour-là, le temps d'aller se laver les mains, papa et maman ont disparu. Vite, les enfants cherchent la sortie. Trop tard ! Le magasin ferme, tout se vide, tout s'éteint. Les voilà prisonniers, même s'ils ont le rayon jouets pour eux tout seuls, et les bonnes choses du rayon alimentation... Mais soudain, au milieu de la nuit, ils entendent quelqu'un marcher. Qui est là, avec eux, dans ce magasin tout noir?

DERNIERS TITRES PARUS

-64-

MONSIEUR BONIFACE

Une histoire écrite par
Guy Jimenes
et illustrée par
Serge Bloch

David et sa maman ont un drôle de locataire. Il s'appelle monsieur Boniface. C'est un savant. Il habite en haut de la maison, dans une chambre transformée en véritable laboratoire. Toute la journée, le nez dans ses éprouvettes, il se livre à des expériences étonnantes. Une nuit, David entend une minuscule voix qui l'appelle au secours. On dirait que c'est monsieur Boniface... Où est-il ? Que lui est-il arrivé ? Sa potion pour retrouver la jeunesse est-elle vraiment au point ?

-65-

WILLIAM ET FRED

Une histoire écrite par
Leigh Sauerwein
et illustrée par
Volker Theinhardt

Fred a le moral au plus bas : ses parents partent en voyage au Kenya et le laissent tout seul chez Granny, sa grand-mère trop proprette pour être rigolote. Mais voilà qu'un camion laisse tomber devant la maison une caisse contenant un oeuf. Un drôle d'œuf dont ne tarde pas à sortir... une autruche, aussitôt baptisée William ! Quelle aubaine pour Fred ! Les vacances s'annoncent bien !
Jusqu'où iront Fred et sa nouvelle amie ?

-66-

C'EST DUR D'ÊTRE UN VAMPIRE

Une histoire écrite par
Pascale Wrzecz
et illustrée par
Véronique Cau

Lou en a assez d'être tout blanc avec de grandes dents, de ne sortir que la nuit, et d'avoir pour seuls amis un couple de chauve-souris. Etre né dans une famille de vampires, ce n'est pas une vie pour un enfant ! Un jour, pendant que ses parents sont profondément endormis, Lou désobéit : il sort, en plein jour, à midi ! Le soleil, la rue, les copains : Lou est ébloui. Pour lui, c'est le début d'une nouvelle vie. Mais comment vont réagir ses parents : ne vont-ils pas piquer un coup de sang ?

Achevé d'imprimer en mai 1994 par Ouest Impressions Oberthur
35000 Rennes - N° 15121
Dépôt légal éditeur N° 1793 - Mai 1994
Imprimé en France